AF186805

Worte nichts als Worte

Gereimtes und Ungereimtes

Heidrun Päulgen

Bibliografische Information der Deutschen Nationalbibliothek:
Die Deutsche Nationalbibliothek verzeichnet diese Publikation in der Deutschen Nationalbibliografie; detaillierte bibliografische Daten sind im Internet über http://dnb.dnb.de abrufbar.

Herstellung und Verlag: BoD – Books on Demand, Norderstedt

ISBN: 978-3-746096674

Cover: Pixabay

Worte, nichts als Worte

Wer Fehler anderer erkennt,

ist klug.

Wer eigene benennt,

ist weise.

Wer fehlerfrei durchs Leben geht,

hat nicht gelebt.

Inhalt

Für Mama

Ungereimtes

Der Baum

Ich weiß von seinen Wurzeln,

und möchte sein wie er.

Geduldig warten und freudig erblühen,

Früchte tragend im Herbst,

rot, gelb und grün.

Stürmen trotzend,

mich von aller Last befreien.

Des Lebens Sinn erfüllen.

Im Sein.

Puppenaugen

Glaskugeln,

Murmeln gleich.

Kalt und klar.

Aufgemaltes Lächeln

in rotem Bäckchen Gesicht.

Körper ohne Seele.

Kann nicht Lieben.

Der Tag

beginnt harmlos.

Unschuldig noch, die ersten Stunden.

Bis zu jenem Moment,

der ALLES

was wir hatten

in den Schatten stellt.

Doch die Welt dreht sich weiter.

Ignorant,

als wäre nichts geschehen.

Als ginge sie das alles gar nichts an.

Gedanken ranken

in meinem Kopf.

Kreuzen und verschlingen sich,

stoßen an Schranken.

Gedachte Gedanken.

Gedanken fließen,

aus vielen Quellen ineinander

und verschmelzen.

Fragmente des Lebens,

aus der Vergangenheit und der Zukunft

ins Jetzt.

Andersrum

Du denkst, die Anderen sind anders,

weil du selber anders bist?

Du denkst dir deine Welt zusammen,

so wie sie dir gefällig ist?

Stehst fest auf deinem Standpunkt,

von dem aus du die Dinge siehst.

Wie wär's, wenn wir mal tauschen würden,

und du von meinem Standpunkt sprichst?

Wir sind gut,

sagt der Mann.

Wir sind, was wir sind,

sagt die Frau.

> Wir können das,
>
> sagt der Vater.
>
> Ich kann es nicht,
>
> sagt das Kind.
>
> Du wirst es lernen,
>
> sagt der Vater,
>
> und die Mutter sagt:
>
> Das packst du schon!
>
> Es ist zu schwer,

klagt das Kind.

Nicht für mich,

sagt der Vater.

Dann machs doch alleine,

trotzt das Kind.

Wir schaffen's gemeinsam, sagen die Eltern.

In deinen Augen liegt das Meer.

Ich will versinken,

ohne zu ertrinken.

Eintauchen bis auf den Grund

deiner Seele.

Ihre Verwundbarkeit erahnen,

Wärme und Offenheit fühlen.

Vereint sein, und doch frei.

Dein Blick hält mich aus,

während ich dich

aus meinem Herzen stoße,

und klaglos,

ohne Schmerzensschrei,

die Liebe ertränke.

Kraftlos verzagen,

die Hoffnung begraben.

Den Traum nicht leben.

Aufgeben!

Den Blick ins Nichts gerichtet.

Zum Scheitern verurteilt.

Dass Leben versäumt.

Nur geträumt?

Alles nichts wert?

Alles verkehrt?

Zartgelber Zitronenfalter

auf deinem Haar.

Zu leicht,

als dass du ihn spürst.

Zu leichtsinnig,

deine unbedachte Hand wahrzunehmen,

die ihm die Flügel bricht.

Undurchlässiger Blick,
verschlossene Seele.
Gedanken kreisen,
wie schwarze Vögel
unter dunklen Wolken.
Unverstanden, sprachlos,
schwer zu ertragen.

Das Meer atmet

im Gleichklang

des Wellenschlags.

Weiße Gischt,

die wütend

jede Spur verwischt,

als wäre ich nie da gewesen,

hätte nie bewundert

seine Kraft und seine Farben.

Hätte nie geatmet

seinen Duft.

Sterne

Blinkende Grüße
aus tiefster Vergangenheit,
lassen mich
von der Zukunft träumen,
bevor sie im Todeskampf
verglühen.
Ich zähle Sternschnuppen.
und wünsche Wünsche,
bis mir der Sternenstaub
in den Augen brennt,
und den Blick vernebelt.

Schwarz auf weiß,

das Blaue vom Himmel versprochen,

die Wahrheit verbogen,

der Sinn oft verlogen,

steht auf Wänden und Plakaten

geschrieben, was wir brauchen,

um unser Leben zu lieben.

Jahreszeiten

Im kühlen Morgentau,

wenn sich der Tag erhebt,

hab ich die Fee gesucht,

die Seidenfäden webt.

Zu feinsten Gespinsten.

Von Halm zu Halm,

glänzt ihr Werk im frühen Licht.

Einzig die Fee ist mir entkommen,

und ich finde sie nicht.

Hörst du das Lied des Frühlings in den Gärten?
Nicht laut, doch kraftvoll schön.
Ein Chor aus Vogelstimmen
erfüllt dein Herz mit Sehnen.

Siehst du die Schmetterlinge tanzen,
grazil und Elfen gleich?
Sie nehmen deinen Blick gefangen.
Doch du bist frei, sei wie du bist
und lebe, was dein Leben ist.

Fühlst du die Kraft in deinem Herzen?
Sie trägt dich durch die Zeit.
In Liebe und im Schmerze
und ohne Furcht im Leid.

Und selbst in dunkler Nacht
Fühlst du dich gut bewacht.
Hörst du das Hohe Lied des Lebens.
Du bist die Melodie dazu.

Frühling schwebt auf leichten Schwingen,

durch die warme, sanfte Luft.

Hör von weit ein Kindersingen

und die Amsel ruft.

Der Duft von aufgebrochner Erde

weckt Sehnsucht nach Erneuerung,

dass alles wächst und wieder werde,

in ewiger Erinnerung.

Erste Sonnenstrahlen zaubern

Schattenspiele an die Wand,

und ich nehme ohne Zaudern,

doch in Liebe, deine Hand.

Will mit dir sein, will tanzen und lachen,

auch Küssen möcht ich dich,

und andere Sachen will ich machen.

Sag mir, liebst du auch mich?

Groß und prächtig steht die Linde,

wiegt die Zweige stolz im Wind.

In ihrem Schatten duckt ein Blümchen.

Nun hat der Sturm den Riesen umgeweht.

Das Blümchen spricht: „Mich trauerts nicht,

denn endlich steh ich auch im Licht."

Weißer Nebel legt sich still,

wie ein Schleier übers Tal.

Süßer Duft nach reifen Früchten.

Die Sonne steht schon tief,

und wärmt ein letztes Mal.

Wind zerrt Blätter von den Zweigen,

die kraftlos sich ergeben

und tänzelnd hin zur Erde schweben,

um zu vergeh'n für neues Leben.

Stiller Glanz in müden Augen,

staunend, doch so voll Versteh'n.

Alles ist in Allem,

wird geboren um zu gehn.

Wenn früh die Nebel steigen,

wie Wolkenschleier über'm See,

ziehn die Gedanken fort

in mystisch ferne Zeiten.

Still steht der Reiher.

Doch hoch in den Lüften,

hör ich den Kranich kreischen.

Schau sehnsuchtsvoll

wie sie im großen Tross

gleich einer Perlenschnur

gen' Süden reisen.

Auf Wiedersehen!

Wintermärchen - Sonnenschein,

möchte gerne draußen sein.

Puderzucker - Flockentanz,

Schlitten fahr'n mit Bruder Hans.

Pudelmütze und ein Schal,

komm, wir rodeln noch einmal.

Hab die Handschuhe verloren

und die Finger rot gefroren.

Hinterm Ofen liegt das Kätzchen,

da ist sicher noch ein Plätzchen,

für zwei durch gefrorene Kinder,

im Winter.

Lichter blitzen,

und aus sämtlichen Ritzen tönen Lieder, wie

Alle Jahre wieder.

Künstlicher Glanz in trauriger Welt,

Geschenke gibt's nur noch für Geld.

Hasten und hetzen, ich find' keine Ruh',

traurig kuckt das Christkind zu.

Vom Himmel hoch,

fällt jetzt noch Schnee.

Die Füße tun vom Laufen weh.

Oh Tannenbaum, oh Tannenbaum,

du fehlst mir noch zum Weihnachtstraum.

Bist aus Plastik, ohne Duft,

die Glocke schon zur Vesper ruft.

Schnell noch den Braten in die Röhre,

da hör ich schon der Engel Chöre.

Ich öffne mir den guten Wein,

und lass Weihnachten endlich Weihnachten sein.

Das Fest

Aufstehen

Suchen und Sehen.

Eingehüllt in vertraut sein.

In bunten Farben und Düften

Den Klang der Musik hören.

Tanzen und Fröhlichkeit.

Die Sterne weisen den Weg.

Gut behütet und leichten Fußes,

den Weg zum Friedensfest gehen.

Feliz Navidad

Weihnacht ist's,

und unterm Baum,

man glaubt es kaum,

liegen Socken und Krawatte,

wovon ich schon so viele hatte!

Gerne würde ich es wagen,

meinem Christkind klar zu sagen,

was meine Wünsche wirklich sind.

Bin doch im Innern noch ein Kind!

Weiße Atemfähnchen

am klirrend kalten Wintermorgen,

harscher Schnee knirscht

unter unseren Füßen.

Verzuckert scheint der Wald.

Das weite Feld, es glitzert,

tausend Diamanten gleich,

und deine Hand liegt in der meinen,

warm und weich.

Lass uns noch gehn ein Weilchen,

und lass uns stehn ein Weilchen.

In wundersamer Winterwelt.

Die Zeit vergeht - das Jahr verrinnt,

mit Feuerwerk und viel Tamtam.

Trink deinen Wein,

und lausch' der Wünsche Sinn.

Sie plätschern eitel vor sich hin,

gleich einem kurzen Regenschauer,

ins neue Jahr.

Und nichts davon ist je von Dauer.

Herzenssache

Was hat das Herz

in meiner Brust zu klagen?
Es muss nur schlagen!
Ich seh' die Welt mit allem wie sie ist,
muss sie ertragen.
Muss mich mit falscher Liebe und
so manchem Kummer plagen.
Doch du, mein Herz,
du musst nur schlagen!

In meinem Bett

lag ich und träumte,

oder war es Wirklichkeit?

Dass mich ein Sehnen dräute,

ganz nah bei dir zu sein.

In meinem Bett

lag ich und träumte ...

Herzklabaster,

Wimpern klimpern,
ein scheuer Blick-.
ein schelmisch forsches Zwinkern.
Ein paar Worte, nur geflüstert,
ein paar Blicke, reichlich lüstern.
Deine Hand die meine hält.
Reden über Gott und Welt.
Komm, lass uns gehn,
zu mir, zu dir?
Auf ein Bier,
oder zwei?

Längst hat mein Angesicht schon Falten.

Die Haut wird welk,

man zählt mich zu den Alten.

Doch sehnt und schwant mir

Noch das Glück zu halten.

Die Liebe und auch Zärtlichkeit.

Mein Herz schlägt jung,

es hat noch keine Falten.

Wer wahre Liebe lebt,

in unbekannten Tiefen

und höchsten Höhen sich bewegt,

wer manches Jammertal durchschreitet,

sich verbrennt und schrecklich leidet,

der weiß, dass diese große Macht,

uns bis ins Alter glücklich macht.

Im roten Schleier sinkt die Schöne nieder,

verneigt sich vor der Dunkelheit.

Verspricht: Am Morgen komm ich wieder.

Was macht sie in der Nacht allein?

Der Mond indes hat kalte Glieder,

er möcht' so gerne bei ihr sein.

Im roten Schleier sinkt die Schöne nieder,

und lässt den Mond des Nachts allein.

Stilles Verstehen

in deinen Augen.
Ungesagte Worte,
die mich dennoch erreichen.
Berührst meine Seele,
hältst mich fest,
ohne mich zu binden.

Lass deine Seele in dir wachsen,

- einem Kinde gleich-,

das nur gedeiht zum Guten,

wenn es von Liebe weiß.

Und kommt dereinst die Stunde,

wo sie nach Freiheit strebt,

so ist es deine Seele,

die Gutes weiterträgt.

Lange Suche, dunkle Stunden.

Angst, Verwirrung, tiefe Wunden.

Schutzlos geh ich durch die Nacht.

Sog und Strudel ziehn mich runter.

Halt mich fest, ich gehe unter.

Zerschlag das Eis und öffne die Tür,

zu MIR.

In Form Gebrachtes

Ich bin der Boss,

ich hab euch was zu sagen!
Kuckt nicht so dumm,
so zweifelnd und so fragend!
Ich bin der Boss,
ich hab euch was zu sagen!

Drachen

Drachen,

grässlich grün

und Feuer speiend,

aber leider

Ausgestorben.

Apfel,

außen prall

und leuchtend rot,

innen aber

Apfeltot.

Elf Worte

Der Ahorn spricht
in roter Farbe,
wird ohne Worte zum
Gedicht.

*

Wolken
am Himmel
verschleiern den Blick.
Doch die Sterne funkeln
immerzu.

Tau

glitzert hell

im frühen Morgenlicht.

Herbst liegt auf den Wiesen.

*

Über

den Wolken

wohnt die Freiheit,

und der Himmel ist

Nah.

Verrät

das Glück

Dir sein Geheimnis,

ist's Dir von Herzen

zugetan.

*

Schneeglöckchen

im Garten.

Zarte Blüten recken

trotzig ihre weißen Köpfchen.

Frühlingsboten.

Rondell

In meinem Kopf bin ich allein,

hier kann ich alles denken.

Da kann ich ungestört,

und mutig meine Schritte lenken.

Ich kann die Welt verbiegen,

und in den Himmel fliegen.

Ein Held sein kann ich, wenn ich will,

auch schwach sein, ohne Sorge.

Kann klein sein oder Riese,

beim Träumen auf der Wiese.

In meinem Kopf bin ich allein,

hier kann ich alles denken.

Am kühlen Meeresgrunde,

sah ich den Nixen zu bei ihrem Spiel.

Ob sie auch mich bemerkten?

Ihr Tanz war sehr grazil.

Bunt glitzerten die Leiber, im blauen Licht.

Wie schön geschmückte Bräute

in silberner Gischt.

Am kühlen Meeresgrunde,

sah ich den Nixen zu, bei ihrem Spiel.

Der Tag bricht an,

besiegt die Nacht.

Unschuldig noch, und ohne Sorgen.

Der Tag bricht an.

Und aus der Asche letzter Glut

ein Traum von neuem Leben spricht.

Der Tag bricht an,

besiegt die Nacht.

Im Licht der Morgensonne

schimmert zart,

ein Seiden Kunstwerk

von besondrer Art.

Vom Haus bis hin zur Regentonne.

Im Licht der Morgensonne

schimmert's zart.

Indes der Künstler

sich diskret versteckt,

bis ein Insekt

begehrliches Interesse weckt.

Im Licht der Morgensonne

schimmert zart,

ein Seiden Kunstwerk

von besondrer Art.

Haiku

Keller,
irgendwie dunkel,
gut fürs Verstecken
und Vergessen.
Keller

Über den Himmeln,

da wo die Ewigkeit wohnt,

finde ich meinen Stern.

*

Blütenfarbenrausch

unter lichtem Wolkenhimmel.

Frühling im Park.

Zeit und Vergänglichkeit

Was denkt uns, was lenkt uns?

Wo ist der Weg und wo das Ziel?

Was ist zu wenig, was zu viel?

Was ist Schicksal, was ist Glück?

Was ist Traum und was die Wirklichkeit?

Wohin flieht die Zeit?

Ein Quell entspringt dem Schoß der Erde,

und wächst zum großen Fluss heran.

Ergießt am Ende sich im Meere,

wo aller Leben Anfang nahm.

Denn niemals bin ich je verloren,

selbst wenn ich stürbe meinen Tod,

so lebt doch weiter meine Seele,

in andren Dingen fort und fort.

Verneige mich vor jeder Blume,

vor jedem Leben, jedem Stein.

Ein jedes Ding hat seine Seele,

auch wenn's vergeht, wird's ewig sein.

Wenn falsche Glücksversprechen

Dir deine Seele brechen.

Wenn eitler Glanz die Augen blendet,

und wenn die Last zu schwer ist zu ertragen,

wirst du dich fragen:

„Hab ich die Zeit mit Falschem nur verschwendet?

Was bleibt, wenn heut' mein Leben endet?

Und wo war die Zufriedenheit?"

Ich hastete so durch mein Leben,

und fragte mich, wo führt es hin?

Und rechts und links an meinen Wegen,

da suchte ich nach einem Sinn.

Verlor mein Lachen und die Liebe,

den Glauben an die Menschlichkeit.

Wer wird die Zweifel je besiegen,

und wer bleibt Sieger dieser Zeit?

Ich haste weiter durch mein Leben,

auf das ich keine Antwort weiß.

Wir haben die Zeit vergessen,

an langen Tischen gesessen.

Und zu viel Wein getrunken,

tief in Erinnerung versunken.

Wir haben gelacht,

wir haben geweint,

in Freundschaft vereint.

Lang ist's vorbei,

der Tisch ist frei.

Der Tod sitzt mir im Nacken,

schaut mir beim Leben zu.

Ich hör ihn leise lachen,

wie achtlos ich's vertue.

Mischt er sich jetzt schon in mein Sein,

- wo ich sein Pfand doch bin?

„Die Endlichkeit ist dein", er spricht,

„dass WANN und WO bestimme ich!

Nur WIE du lebst, bestimm' ich nicht."

Lang ist es her,

Wo alles für uns klar war.

Wir träumend eine Zukunft sahen.

Lang ist es her, wo wir uns Illusionen machten,

und über all die lachten,

die freudlos gebeugt durchs Leben gehen.

Getrieben von vergeblichem Bestreben,

etwas glücklicher zu leben.

Auf der Bühne des Lebens

suchst Du mich vergebens.

Ich spiel keine Rolle,

bin nur Statist.

Schau zu wie sich die anderen mühen,

vor Enthusiasmus nur so sprühen.

Sich feiern lassen und sich loben,

und selbstverliebt im Kreise drehn.

Sind einmal unten, manchmal oben.

Wollen erst ihr Leben proben.

Bin nur Statist, und kaum zu sehn.

Die Brücke

Über die Brücke ins Nichts,

kann ich nicht zu dir.

Hörst du mein Klagen?

Spürst du mein Sehnen?

Nur die Liebe verbindet.

Über die Brücke ins Nichts,

kann ich nicht zu dir.

Nachgedachtes

Wie kann ein Mensch

den Mensch als Mensch erkennen?
Selbst wenn er Augen eines Adlers hat,
lässt er von Tand und Stand sich blenden,
wo nur ein Blinder Durchblick hat.

Wir schaffen das,
sagt Frau Merkel.
Gemeinsam sind wir stark,
antwortet das Volk.

Es ist zu viel,
sagen die einen.
Wir haben Angst,
bekennen die anderen.

Schließt die Grenzen,
fordern manche.
Schießt auf Menschen,
ruft ein Rest.

Flucht

Vor Krieg
und dem Verderben
in ein neues Land,
in dem es Hoffnung gibt,
in Sicherheit zu sein
und ohne Angst
einfach nur
LEBEN.

Lorbeer begrenzter Sieger,

im Stechschritt voran.

Freudlos, mit eisiger Hand.

Schmerzlos ertragen,

lautloses Klagen.

Die Welt zu Füßen,

zertreten, zerstört.

Bange Stille macht sich breit,

in der Nacht hat es geschneit.

Nichts erinnert, alles ist bedeckt.

Wir gehn voran im langen Treck.

Raben kreischen heischend über unsere Köpfe.

Hungrige Kinder, verlauste Zöpfe.

Vertröstet auf das nächste Mahl,

vielleicht am Abend, vielleicht erst morgen.

Sei still mein Kind, hab andere Sorgen.

Vorwärts, weiter, ohne Gnade,

das Meer gefroren, Gotenhafen weit,

zum Ausruhen ist jetzt keine Zeit.

Halt durch mein Kind,

kann dich nicht tragen, hör auf zu klagen!

Donnerndes Dröhnen in der Luft,

Schüsse gellen - der Schnee färbt sich Rot ...

Mein armes Kind!

Erbarmungsloser Tod.

Bereite dir ein Bett aus Schnee,

deck dich zu mit einem Kuss.

Eisige Tränen lass ich dir

als letzten Gruß.

Wenn Gräber schluchzen,

und alle Götzen jubilieren,

wenn Schweine tanzen,

und wenn Schafe frieren,

ist es zu spät,

wenn wir uns jetzt nicht rühren!

Flüchtlinge

Tagtäglich hören wir Nachrichten zu der
Flüchtlingssituation und schauen uns emotional
aufgeheizte und wenig sachlich geführte Talkshows
zu diesem Thema an.

Unsere Politiker tragen ihre Hilflosigkeit offen zur
Schau, was zur Verunsicherung der Menschen und
einer erschreckenden Spaltung der Bevölkerung
führt. Neid, Missgunst und Gewalt breiten sich aus
wie die Pest. Warum tun wir uns so schwer?

Wir leben in einer weltweit vernetzten,
globalisierten Welt. Wir treiben Handel mit
fragwürdigen Regierungen. Wir beuten ohne

schlechtes Gewissen Menschen aus, um Gewinne zu maximieren. Wir liefern Waffen in Krisen und Kriegsgebiete. Und ja, - natürlich reisen wir gerne in alle Winkel dieser Erde, um „fremde Kulturen" kennenzulernen. Wenn uns jedoch Menschen aus Not und Elend zu nahe kommen, dann igeln wir uns ein, im gemütlichen Wohnzimmer, und wollen unsere Ruhe! Man hat ja schon beim Zuschauen am Fernseher Schweißperlchen auf der Stirn. Unerträglich sind diese Bilder von Krieg, Sterben, Zerstörung und bitterer Armut.

Wir sind privilegiert! Welch ein Glück!!

Aber, ...wir sind doch alle Menschen, und Mensch zu sein erfordert Mut.

Mut, offen aufeinander zuzugehen und nicht nur zuzusehen oder gar wegzusehen!

Nicht alles wird dadurch gut, aber vieles wird besser! Und mal ehrlich, wer möchte tauschen?

Vergeben und Verzeihen

Nichts im Leben fällt so schwer, wie
geschehenes Unrecht zu verzeihen.
Der Stolz, die verletzte Eitelkeit bilden schier
unüberwindbare Mauern, die unumstößlich
scheinen. Dabei ist es nicht unerheblich, wie
nah man dem Menschen steht, von dem man
sich verletzt fühlt.
Je näher, umso intensiver ist der Schmerz oder
die Wut, und je mehr man sich gedanklich
damit auseinandersetzt, desto tiefer treibt sich
der Stachel in die Seele.

Dabei ist es so, dass es im Leben nie nur eine Wahrheit gibt, und das es ergo auf alles mehr als eine Antwort gibt.

Es gehört eine große Portion Mut dazu, sich diese zweite Wahrheit anzusehen, sich ihr in aller Offenheit zu stellen, und die Antwort darauf auszuhalten.

Nein, alles vergessen vermag man nicht, weil es zum Leben gehört, Teil unserer Biografie geworden ist. Vergeben aber ist ein Akt der inneren Reinigung. Er befreit von einer Last, die unser Denken und Handeln in hohem Maße beeinflusst, uns in vielem blockiert und der Gesundheit schadet.

So wie man sich von Zeit zu Zeit von altem, unnützem Krempel trennt, um den wirklichen Schätzen Raum zu geben, um sich neu zu orientieren, wird das Vergeben zur Zweiten

Chance für einen neuen Lebensabschnitt.

Ohne Bewertung, schlicht weil es uns guttut.

Dazu ist jeder Zeitpunkt der Richtige.

Nicht nur Weihnachten.

Nicht allein!

In meiner Not wende ich mich an meinen Bruder.

Er ist sicher nicht der, dem ich zutraue, mir aus der
Klemme zu helfen. Aber er ist da.

Ich erzähle ihm von meinem Problem.

Wider Erwarten hört er mir geduldig zu,
unterbricht mich nicht!

Es beruhigt mich, und es irritiert mich
gleichermaßen. Ich bin es nicht gewohnt, dass er
geduldig ist, oder gar aufmerksam.

Als ich ihm alles gesagt habe, ist er lange still.

Er schaut auf seine Hände, als ob es dort eine
Antwort abzulesen gäbe.

Dann legt er seine Hand auf die meine, und sagt
schlicht: „Wir schaffen dass!"

Allein diese drei Worte geben mir Kraft und
Zuversicht, die Dinge neu zu ordnen und
gelassener anzugehen.

Jetzt weiß ich, ich bin nicht allein!

Geduld

Geduld ist eine Tugend, für die man, sofern
sie einem zueigen ist, nicht dankbar genug
sein kann.
Ich wünsche mir, geduldiger zu werden, weil
sie mir fehlt. All die klugen Sprüche zu die-
sem Thema konnten mich nichts lehren. Sind
Fruchtlos an mir vorübergegangen.
Ungeduldig wie ich bin, vermassele ich so
manches Werk vor seiner Vollendung. Auch
Gedanken, die ich nicht zu ende gedacht habe,
haben Lücken, oder gar Schäden in meiner

Lebensbahn hinterlassen. Ich ernte sozusagen die Äpfel bevor sie reif sind, und wundere mich, dass sie sauer sind.

Nun ja, aus Fehlern wird man klug, heißt es. Doch mit dem Klug werden, dass ist auch so eine Sache. Was Hänschen nicht lernt, lernt Hans nimmer mehr. Stimmt natürlich auch nicht immer, tröste ich mich! Ich weiß ja von meinem Defizit. Und was man weiß, hat man doch irgendwie gelernt, oder?

Franz Kafka meinte, -um auf die Geduld zurückzukommen, dass wir wegen der Ungeduld aus dem Paradies geflogen sind.

Welch ein Drama! Gut, da war ich noch nicht dran beteiligt, aber es sollte mir zu denken geben! Doch wie schaffe ich es geduldiger zu werden? Ist die Ungeduld denn immer nur negativ?

Ein polnisches Sprichwort sagt, Ungeduld ist wie ein Hemd voller Ameisen. In dem Fall fühlt sie sich krass negativ an, ohne Zweifel! Wenn ich mich an der Bibel orientiere, so soll ich geduldig im Trübsal sein. Was für eine düstere Aussicht! Luther deutete Geduld mit 'Darunter bleibe'. Wie verstehe ich das? Ducken und Deckel drauf? In Schulzeiten hieß es: Mit Geduld und Spucke, fängt man eine Mucke. Da ist zumindest ein Gewinn in Aussicht, die Mucke!

Ich gebe nicht auf, arbeite weiter dran, geduldiger zu werden, denn ich habe erfahren: Geduld ist die Kunst zu hoffen. Wer langsam geht, kommt auch ans Ziel. Auch Rom ist nicht an einem Tag gebaut worden. Was lange währt, wird endlich gut, und: Die Hoffnung stirbt zuletzt!

Nichts als Sprüche

Der Gedanke ist der Ursprung aller Realität.

*

Beobachte die Menschen, und du erkennst
dich selbst.

*

Die Härte im Leben baut den Boden, auf dem
wir stehen,
das Leichte lässt uns den Himmel sehen.

Man fängt erst an etwas zu vermissen, wenn
man es aus den Augen verloren hat.

*

Ich bin stark, wenn ich schwach sein kann.

*

Ich hatte den Vorteil jung und unbedeutend zu
sein.
Das gab mir die Chance an meinen Kindern
zu wachsen.

Ich bin Mensch, wenn ich menschlich bin.

•

Nimm deine Gesundheit wichtig,

und dich Selbst wahr.

*

Kindererziehung ist in erster Linie harte

Arbeit an sich selbst.

Glück ist ein Gefühl ohne Sicherheit, darum genieße es, solange es ist.

*

Beweise Stärke, indem du dich deiner Schwäche nicht schämst.

*

Wer vor der menschlichen Schwäche kapituliert, ist selber schwach.

Durch den Gedanken wird der Wunsch
geboren, durch den Willen wird er realisiert.

*

Nicht die Anzahl der Jahre zählt, sondern das,
womit man sie füllt.

*

Schweigen ist auch eine Form
von Protest!

Die größte Behinderung im Leben ist unsere
eigene Bequemlichkeit.

*

Dieses Leben ist unsere einzige Möglichkeit
Mensch zu sein,
darum nutze sie bis zum letzten Tag.

*

Wenn wir unsere Träume verpennen,
haben wir nicht gelebt.

Die Tatsache, dass wir uns für gut halten,

hindert uns daran, besser zu werden.

*

Einen Fleck auf die weiße Weste zu kleckern,

ist schnell passiert.

Ihn zu entfernen, ist relativ langwierig.

*

Wer andrer Leute Fehler sucht,

dem bleibt kaum Zeit, die eigenen zu

erkennen.

Nicht fehlende Freude
erschwert das Leben, sondern der Mangel an
der Erkenntnis, wie wichtig es ist, eine
Aufgabe zu haben.

*

Kinder sind die zweite Chance uns selbst zu
finden.

*

Grenzen braucht der Mensch, um seine
Freiheit zu genießen.

Die Worte, die ein Mensch sagt, sprechen
von seinem Charakter.

*

Gemessen daran, was ich wenig weiß,
bin ich dumm.
Diese Erkenntnis macht mich schlauer.

*

Vornehm ist, der nicht vergisst, dass er nichts
Besseres als alle anderen ist.

Das Besondere liegt oft im Einfachen
verborgen.

*

Einzig sicher im Leben ist sein Ende.

*

Hör nie auf, das Kind in Dir zu sehen,
das ein Recht auf Schutz und Liebe hat.

Wer stets höher, weiter und schneller ist, als
alle anderen, der fällt tiefer.

*

Nicht alle Wolken bedeuten Regen, die
meisten bringen aber frischen Wind.

*

Einen Irrtum zu erkennen,
hilft der Wahrheit ein Stückchen
näher zu kommen.

Unterwegs

Unterwegs sein, wie schön ...

... in eine stille Welt. Eintauchen in geschrie-
bene Worte. Erdacht oder erlebt. Poetisch, er-
heiternd, oder wohltuend leise kommen sie da-
her, beflügeln mich, nehmen mich gefangen.
Geschriebene Worte.

Unterwegs sein...
in der Natur, neue Wege erkunden, Atmen,
Spüren, Staunen. Neue Aussichten und tiefere
Einsichten bekommen. Meine Gedanken ler-
nen fliegen. Die Sorgen rücken in weite Ferne.
Ich finde Ruhe.
Beim Wandern

Unterwegs sein...

mit Freunden. Gute Gespräche. Auf verschlungenen Pfaden durch unsere Gedankenwelt reisen. Ansichten austauschen, Standpunkte erkennen, Nähe und Entfernung ausloten. Gefühle entdecken, Stimmungen wahrnehmen.

Zusammen mit Freunden

Ganz gleich, auf welchem Weg wir unterwegs sind, begegnen wir dem Leben auf unterschiedlichen Pfaden. Geist, Körper und Seele tanken auf.

Bereichert, und von Lebenslust gestillt.

Gedanken im März

Der März scheint vielmehr der Frühling als
der April, und weit weniger Winter als der
Februar. Eine immer wiederkehrende
Sehnsucht nach Erneuerung erfasst die
Menschen. Der Aufbruch in der Natur wird
sichtbar. Die Bauern im Umland fangen an
mit der Vorbereitung ihrer Felder. Traktoren
rattern, und es riecht nach aufgebrochener
Erde. Eine imaginäre Aufbruchstimmung

macht sich breit. Die Tage werden länger. Das frühe Jahr treibt uns an, beflügelt und inspiriert. Kreischende Kraniche, die in großen Formationen aus dem Süden zurückkehren, sind ein sicheres Zeichen für den beginnenden Frühling. Die Singvögel sind plötzlich wieder da und emsig mit Nestbau und Brut beschäftigt. Wie bezaubernd ihr Singen klingt. Ihr jubilieren am Himmel erinnert an Violinen.

Es zieht mich in den Garten, um die ersten grünen Spitzen der Frühblüher zu entdecken. Schneeglöckchen und Krokusse, ich begrüße sie wie alte Freunde. Welche Freude! Die verblühten Hyazinthen, die mir zum Geburtstag geschenkt wurden, pflanze ich ins Beet. Sie werden nächstes Jahr neu erblühen. Die ersten Sonnenstrahlen wärmen

mein Gesicht und meine Seele. Das triste
Grau der vergangenen Monate weicht.
Frisches Grün, Gelb und Violett erobert die
Beete. Gänseblümchen verzaubern die Wiese
mit zarten weißen Köpfchen. Ich denke
an Kindertage, wo wir Blütenkränze daraus
flochten.
Die Natur erwacht, und alles ist erfüllt von
neuem Leben.
Jahr für Jahr im März.

Mit allen Sinnen

Ein Spaziergang im Wald, um der alltäglichen
Hektik und ständigen Berieselung zu
entfliehen, um Ruhe zu finden, ist weit mehr
als ein bloßes Freizeitvergnügen.
Wo, außer am Meer oder im Hochgebirge lässt
es sich besser durchatmen, die Lungen von
Staub und Abgasen der stickigen Städte
reinigen, als im Wald vor unserem Ort?
Ich lasse mich bewusst darauf ein. Er nimmt
mich freundlich auf, mein Wald, lässt mich

eintauchen in seine sinnlich, mystische Welt.
Nicht umsonst wurde er oft besungen,
bedichtet und abgelichtet.

Er erzählt mir seine Geschichten, während
meine Füße federnd über Moos bedeckten
Boden schreiten.

Der Wind in den Blättern flüstert mir von
Märchen aus Kindertagen.

Flirrendes Licht in den Zweigen lässt Feen
tanzen, während Trolle sich im Unterholz
verstecken, um mich zu erschrecken.

Achtsam klettere ich über Wurzeln und
Pflanzen. Mein Wald schaut mir zu.

Ein Käuzchen ruft. Es knackt und raschelt im
Unterholz: Was war das??

Über mir, in den Wipfeln der Baumkronen,
das fröhliche Zwitschern der Vögel.

Dieser Ort bringt mich zur Besinnung.

Im wahrste Sinne des Wortes.

Ich lehne mich an rauer Borke an, und lausche
mit geschlossenen Augen dem Rauschen des
Windes in den Zweigen, dem gurgelnden
Plätschern einer nahen Quelle, dem Gurren
der Hohltaube, dem Gesang von Baumpieper
und Eichelhäher. Ich höre das Trommeln des
Spechtes und das Gesumme unzähliger Bienen
und Insekten, das leise Rascheln
herabfallender Blätter. Rieche den würzigen
Duft von Moos und Farn, von Fichte, Buche,
Eiche, und den lieblichen Duft blühender
Linden und des Geißblattes.

Wenn ich die Augen öffne, werde ich belohnt
mit satten Grün- und warmen Brauntönen.
Der Boden unter den prächtigen Buchen ist
bedeckt mit blühenden Buschwindröschen,
verwunschen und zart. Nicht zuletzt verehrt

mir mein Wald seine Früchte. Vom Sommer
bis zum Herbst fülle ich meinen Korb mit
köstlichsten Beeren, schmackhaften Pilzen
und nahrhaften Nüssen. Welch ein Geschenk!
Vom Sturm bebeugt, neigt die uralte Eiche am
Bach ihren Stamm. Reckt trotzig einen
moosbedeckten knorrigen Ast in den Himmel,
noch voller Lebenswillen.

Kaum sichtbar, dennoch vorhanden, birgt der
Wald längst vergangene, überwucherte
Wahrheiten. Zeichen aus grauer Vorzeit.
Furten, alte Handelsstraßen und La Tène
Öfen aus keltischer Zeit, erinnern heute an
Menschen, die mühselig Wege gebahnt, und
ein wahrhaft hartes Leben gelebt haben.

Die alten Bäume, die meinen Weg säumen,
haben viele Leben gesehen. Sie sind die
wahren Zeitzeugen. Von imposanter Größe,

mit kräftigen Wurzeln, stehen sie als Sinnbild
für pures Sein.

Ich habe mich in den Wald begeben, um
bewegt zu sein, von dem, was er mir gibt. Und
um ein wenig mehr geerdet zurückzukehren,
in meinen hektischen, lärmerfüllten,
vernetzten, und stinkenden Alltag, vor den
Toren des Waldes.

Wolkenbilder

An einem See im Gras liegend, beobachte ich
am Himmel vorbeiziehende Wolken.
Ich bestaune den ständigen Prozess der
Veränderung.
Manchmal erinnern sie mich an ein Tier oder
eher ein Schiff? In einer anderen Wolke
erahne ich ein Gesicht. Letztendlich sind sie
wie flüchtige Gedanken. Phantasievoll und
irreal. Sie bauen sich auf, verändern sich, segeln
dahin. Sie lösen sich auf und werden vergessen.

Ich stehe auf, laufe zum See und tauche ein ins erfrischende Nass. Auch hier sehe ich Wolkenbilder, gespiegelt im Wasser, durch Wellen verzerrt. Verletzte Wolken, blitzende Gebilde. Ich verlasse das Wasser, wickle mich in mein Badetuch und entspanne in der Wärme der Sonne.

Alle Wolken sind verflogen.

Erzählungen

Die Einsiedlerhütte

Es ist still in der Hütte an diesem Morgen im
September. Zu still.
Ich vermisse den schmächtigen Körper, der
sich wärme suchend an mich drückt. Das
gleichmäßig leise Atmen, den Duft des
Kindes, der mein Herz weich macht, obwohl
ich ihm meine Liebe nicht zeige.
Die ersten Sonnenstrahlen erhellen die Stube.
Ich stehe auf, öffne die Holzschalen vor dem

Fenster, um mit meiner Bettdecke all meine Sorgen und Träume auszulüften.

Mein Sonntagskleid, dass ich zur Einschulung meines Sohnes trug, hängt kraftlos am Haken der Stubentür. Ich schlüpfe in die derben Hosen die von Vater stammen, binde mein Haar zu einem Koten, das Kopftuch darüber.

Auf dem Weg zum Ziegenstall steht der Trog, der aus einer Quelle gespeist wird. Eine Kelle frisches Wasser reicht mir zum Frühstück. Gesicht und Hände wasche ich mir ebenfalls dort. Die Ziegen meckern ärgerlich, als ich sie mit derben kalten Händen melke.

Berni, wie ich mein Balg genannt habe, hat zarte feingliedrige Hände. Er war schon mit fünf Jahren fürs Melken verantwortlich. Später auch fürs Hüten auf der Alm.

So hatte es Vater mit mir gehalten. Als Mutter

nach einer Lungenentzündung starb, war ich Sechs. Wir begruben sie in der hartgefrorenen Erde auf dem alten Dorffriedhof. Die Trauergemeinde bestand aus dem Pastor, den vier Sargträgern, Vater und mir. Der Schnee, der über Nacht auf ihr Grab fiel, begrub zugleich all meine Träume. Mutter hatte mich früh das Schreiben und lesen gelehrt, Flöte spielen und Handarbeiten, ... „für ein besseres Leben", wie sie sagte. Vater hatte für derlei Zeugs, wie er es nannte, kein Verständnis. Er übertrug mir all die Arbeiten, die zuvor Mutter erledigt hatte, sodass mir keine Zeit zum Trauern oder Träumen blieb. Als Vater zehn Jahre später tot in seinem Bett lag, begrub man ihn neben Mutter. Ich blieb in der Hütte auf dem Berg, ohne weiter nachzudenken.

Die Einsamkeit im Winter vertrieb ich mir mit Handarbeiten, die ich im Frühjahr auf den Markt ins Dorf brachte und gegen Nützliches tauschte. Sonntags holte ich die Blockflöte hervor, spielte selbsterdachte Melodien.

Eines abends, im Winter 1944, klopfte es an meine Türe. Ich ließ den halb verhungerten, zerlumpten Soldaten der davor stand bei mir wohnen, und pflegte seine Wunden.

Als er im Frühjahr des folgenden Jahres sang und klanglos verschwand, empfand ich große Leere in der Hütte, und in meinem Herzen, bis ich spürte, dass mein Leib sich mit Leben füllte.

Ins Dorf zurückkehren wollte ich nicht. Dort war meine Mutter als blutjunge Lehrerin von einem Hoferben geschwängert, und als Hure verstoßen worden. Der seltsame Einsiedler vom Berg, hatte sie vorm sicheren Tod im eisigen See bewahrt. Sie war bei ihm geblieben. Ich nannte ihn Vater.

In zwei Tagen sind Weihnachtsferien, und Berni, mein liebes Balg Berni, kommt zurück. Die Dielen der Stube sind geschrubbt. Einen Tannenzweig habe ich mit Schmuck aus Mutters Aussteuertruhe behängt. Ich werde einen Kuchen backen, mein Sonntagskleid anziehen und ihm eine Flöte schenken, die ich im Dorf getauscht habe. Ich spüre Tränen in meinen Augen, von unbändiger Freude und tiefer Dankbarkeit. Es ist, als ob ein Damm in meiner Seele bricht.

Ich lasse ihnen freien Lauf.

Leon

Das Meer schlägt seine Wellen wütend in den
Sand des breiten Strandes, färbt ihn dunkel,
gräbt ihn ab. Heftiger Ostwind peitscht mir
das salzige Nass ins Gesicht. Ich streife meine
Kapuze vom Kopf, in der Hoffnung besser
sehen und hören zu können. Mein Blick sucht
angestrengt nach etwas Rotem, und meine
Ohren versuchen mehr als das Getöse von
Wind und Wellen zu hören. Seit Stunden
laufe ich den kilometerlangen Strand auf und
ab, rufe, nein brülle verzweifelt den Namen

meines Sohnes. Die Panik raubt mir fast die Sinne. Das einsetzende Gewitter und die Dunkelheit lassen mich erkennen, dass es besser ist, die Suche abzubrechen. Den ganzen Mittag über haben freiwillige Helfer und die Feuerwehr nach Leon gesucht.

Das er am morgen nicht zuhause in seinem Bett lag, schuldete ich zunächst der Party am Strand. Erst am späten Vormittag erfasste mich eine große Unruhe. Es war sein Geburtstag und wir hatten einen Tisch beim Italiener reserviert. Ich rief seine Freunde an und erfuhr, das Leon die Party schon vor Mitternacht verlassen hatte. Nach und nach sickerte durch, dass seine langjährige Freundin sich an diesem Abend von ihm getrennt hat. Ich erahnte, wie ihn das verletzt hatte. Zumindest wusste ich von dem Ring, den er

für sie gekauft hatte. Mein Gott, er wird sich
doch nicht ...? Nein! An so etwas durfte ich
nicht denken. Ich wollte ihn finden! Und
trösten. Ich redete mir Mut zu und flehte:
Gott hilf!

Das zunehmende Gewitter zwang mich,
endgültig die Suche abzubrechen. Völlig
erschöpft und durchnässt erreichte ich unsere
kleine Kate hinter dem Deich, die ich seit dem
Tod von Leons Vater alleine bewirtschaftete.
Schon auf dem Weg zum Stall hörte ich das
laute Blöken der Schafe. Sie wollten versorgt
werden. Ich öffnete die quietschende Stalltüre,
schaltete das Licht ein und füllte mechanisch
den Eimer mit Wasser um es in den Trog zu
gießen. Im halbdunkel sah ich etwas Rotes
aufblitzen.

Da lag Leon in seiner roten Jacke, zwischen

den Tieren, inmitten ihrer stinkenden Hinterlassenschaften. Die leere Schnapsflasche umklammernd wie einen Rettungsanker, schlief er seinen Rausch aus. Weinend und überglücklich sank ich auf die Knie und umarmte das übel riechende Häufchen Elend. Erleichterung und tiefe Liebe erfüllten mich. Den Rest der Nacht blieb ich an Leons Seite, heilfroh, dass er 'nur' seinen Liebeskummer ertränkt hatte.

Klara und Er

Müller ...,Müller ...,Müller ..., sinnierte er
halblaut vor sich hin, bis ihm auffiel, dass ihm
zu dem Namen nichts einfiel. „Ist das
nicht ...?", versuchte er zu pokern,
„Ja, ja, genau der!", fiel Klara ihm ins Wort,
bereit zu glauben, dass sie sich gedanklich auf
einer Ebene bewegten, und von ein und
derselben Person sprachen. Nur unklar nahm

er die Erzählung um diesen ominösen Müller wahr. Zu sehr befasste ihn die Erkenntnis, dass er sich in letzter Zeit so schwertat mit dem Erinnern. Klara schien davon unbeeindruckt. Er hatte es bislang gut verbergen können.

„Wo war das kleine Café noch, wo wir ihn getroffen haben?", holte sie ihn aus seinen Gedanken.

„Wen??"

„Ja diesen Müller, wen sonst?" Klara war pikiert über soviel Unaufmerksamkeit, und schüttelte ärgerlich den Kopf.

Er schämte sich, kam sich gedemütigt vor.

Sie war in die Küche gegangen und räumte die Kaffeetassen in den Geschirrspüler.

„Bist du fertig?" , fragte sie unvermittelt.

„Womit?"

„Wir sind zum Geburtstagskaffee bei meiner Schwester eingeladen."

„Deiner Schwester?"

„Ja! Verflixt nochmal, hast du das schon wieder vergessen?" Er fühlte sich elend, ertappt und irgendwie abgehängt.

„Ich hab es dir heute Morgen schon drei mal erzählt, hörst du mir überhaupt noch zu? Und die Zahnpastatube hast du auch wieder Offengelassen!", setzte Klara ärgerlich nach.

Er spürte, wie blanke Wut in ihm aufstieg. Nie zuvor war er laut, oder gar böse geworden. Sein Innerstes bäumte sich auf, und im gleichen Augenblick donnerte seine Faust auf den Küchentisch, als wolle er damit die Geister der Vergesslichkeit vertreiben. Die Vase mit den Blumen wankte bedenklich. Dann bedeckte er sein Gesicht mit beiden Händen und weinte.

Zusammengesunken saß er vor Klara, die hilflos dastand, offenbar unfähig sich zu rühren, oder ihn in die Arme zu nehmen. Wie sehr hätte er jetzt ihre Nähe und ihr Verständnis gebraucht. Erschöpft stand er auf, nahm Mantel und Hut vom Haken, und verließ wortlos das Haus.

Er machte sich auf, um zu Vergessen.

Robert

Mir fehlen die Worte, die Luft bleibt mir weg!
Dass dieser Luftikus es wagt sich hier sehen zu
lassen! Mir meinen Tag zu vermiesen. Mit
allen habe ich gerechnet, nur nicht mit ihm. Es
soll ein besonderer Tag werden, mein
sechzigster Geburtstag. Freunde und Familie
sind gekommen, um mir zuzuschauen wie ich
mein Geburtstagsgeschenk einlöse, und aus

vielen Kilometern Höhe via Tandem Sprung aus einem kleinen Flieger springe. Ohnehin schon ein aufregendes Unterfangen, das mir viel Mut abverlangt. Hätte ich nur den Mund nicht so voll genommen, diesen Wunsch vor meinen Kindern zu erwähnen! Und dann, der Schock: Ausgerechnet Robert! Dieser Schönling, dieser Flirt Experte, dieser ... ‚ach was weiß ich nicht alles, bei dessen bloßen Anblick mir schon vor zwanzig Jahren das Herz bebte. Der mich verließ, um einer feurigen Schönheit nachzustellen.

Ausgerechnet Robert, nachdem ich mich lange in Sehnsucht verzehrte, ist mein Tandem Partner! Wie soll ich das aushalten?

Ich werde aufgefordert, mir das nötige Tandem Geschirr anzulegen und mich zum Flugzeug zu begeben. Breit lächelnd steht er da und

raubt mir immer noch den Atem. Er begrüßt
mich herzlich mit dem Spruch: „Es ist mir
eine große Freude mit dir in den Himmel zu
fliegen, und gemeinsam ins Vergnügen zu
stürzen. Auf eine glückliche Landung", flüstert
er, und zwinkert mir verschwörerisch zu.
„Darauf habe ich mich sehr gefreut!"
Hatten meine Kinder etwa ...? Weil sie davon
wussten ...? Oh nein! Wie peinlich!
Und dann, der Sprung, ...eng mit ihm
verbunden, und ab ins Ungewisse.

Atemlos!

Der verschollene Ehemann

Er hatte sich eine Füllfeder gekauft.
Nachdem er mehrmals seine Unterschrift,
dann seine Initialen, seine Adresse, einige
Wellenlinien, und schließlich die Adresse
seiner Mutter auf ein Blatt gezeichnet hatte,
nahm er einen neuen Bogen, faltete ihn
sorgfältig und schrieb:

Verehrter Herr Reiffenrath,

herzlichen Dank für ihre
Bemühung, mir bei
der Aufklärung meiner Familien
Angelegenheit behilflich zu sein.
Die Nachricht, dass mein Vater
noch lebt, ist ausgesprochen
erfreulich..
Dass er jedoch in Deutschland,
jenem Land, das soviel Unglück
über uns alle gebracht hat, lebt,
enttäuscht mich zutiefst.
Noch mehr kränkt mich die
Nachricht, dass er dort ebenfalls
verheiratet ist. Mit einer

Deutschen!

Ich gestehe, er hatte Glück und hat die Gunst der Stunde zu nutzen gewusst. Als Knecht hat er sich hochgedient, und später die Erbin, eine Magd des kinderlosen Gutsbesitzers, geheiratet.

Er ist Millionär!

Ich werde meiner Mutter die Nachrichten so schonend wie möglich überbringen, und alsbald mit ihr die Reise nach Deutschland antreten.

Offengestanden bin ich erfüllt von Neugier auf den Vater, den ich nicht bewusst kennengelernt, und doch mein Leben lang vermisst habe.

Dennoch bin ich wütend über das Leid, das er meiner Mutter

zugefügt hat. Sie hatte kein
einfaches Leben. Sei es frevelhaft
oder nicht, ich empfinde eine
gewisse Schadenfreude, wenn wir
sein Leben durch unser
unangekündigtes Erscheinen
ordentlich durcheinanderbringen.
Wie wird er reagieren, und wie
sich entscheiden?
Ihnen Herr Reiffenrath, danke ich
von Herzen, Licht in dieses
dunkle Kapitel meiner Familie
gebracht zu haben. Bald werde
ich meinen Vater, dank Ihrer
Hilfe kennenlernen.

In herzlicher Verbundenheit
Ihr Emil Zatopec

Der braune Koffer

Mit der Reise an die See erfülle ich mir einen Traum. Ich reise allein, und habe eine Bleibe im Haus meiner Tante, die zur Zeit in Kur weilt. Das kleine ehemalige Kapitänshäuschen liegt unmittelbar am Deich, und der Weg durch den Garten führt vorbei an einer Wildrosenhecke, direkt zum naturbelassenen Strand. Ich werde das gemütliche Gästezimmers unterm Dach beziehen, von wo

134

aus man einen traumhaften Blick auf Dünen
und Meer hat. Besser gehts nicht! Tante Imka
ist froh, während ihrer Abwesenheit jemanden
im Haus zu wissen, und ich freue mich auf drei
Wochen Ruhe, um ungestört und nach
Herzenslust zu Schreiben.

Als ich den alten braunen Lederkoffer vom
Kleiderschrank hole, muss ich ihn entstauben.
Liebevoll streiche ich mit der Hand über das
von Gebrauchsspuren gezeichnete Leder.
Aufkleber erzählen von Reisen in ferne
Länder. Sorgfältig fülle ich ihn mit den
ausgewählten Kleidungsstücken,
Kosmetikartikeln, meinem Laptop, Block und
Lieblingsstiften.

Ich erinnere mich an den Tag, als der Koffer in
meinem Leben ankam.

Vor ein paar Jahren habe ich ihn bei einer

Auktion des Frankfurter Flughafens erworben.
Er gehört zu den vielen Gegenständen, die
vergessen wurden, aus irgendeinem Grund
dort gestrandet sind.

Nach einer gewissen Frist werden sie
versteigert. Für mich war es Liebe auf den
ersten Blick. Er hat mich fasziniert. Ich war
gespannt, was er mir zu erzählen hatte, und
was er vom Leben des Vorbesitzers
preiszugeben bereit war.

Ein Gefühl von Sehnsucht erfasste mich,
zumindest in Gedanken mit dem Inhalt des
Koffers auf Reisen zu gehen.

Dann, der feierliche Moment, wo er in
Meinem Wohnzimmer stand und ich das
unverschlossene Schloss mit einem Klacken
öffnete. Der Inhalt des Koffers stellte klar, dass
es sich bei der Besitzerin um eine Dame

gehandelt hat. Die Kleidungsstücke zeugten von Stil und verrieten, dass sie die letzte gemeinsame Reise mit ihrem Koffer in wärmere Gefilde unternommen hat. Ein zerbeulter, breitkrempiger Sonnenhut, Bequeme Leinen-Bekleidung. Festes Schuhwerk verriet, dass sie viel unterwegs war. Ein Reiseführer löste das Rätsel um ihr Reiseziel: Ägypten.

In einem der Schuhe fand ich, sorgfältig eingewickelt in ein Seidentuch, einen Glasflakon. Als ich ihn öffnete, nahm ich den Duft von kostbarem Rosenöl wahr. Unter weiteren Kleidungsstücken entdeckte ich ein Reisetagebuch. Ich blätterte und staunte, wie sorgfältig sie ihre Eindrücke niedergeschrieben und durch Skizzen ergänzt hatte. Sie ließ mich eintauchen, und in Gedanken ein Stück mit

ihr zusammen reisen. Gerne hätte ich mehr
über sie erfahren. Warum hatte sie den Koffer
am Flughafen zurückgelassen? Ob sie ihn
vermisst, ihren alten braunen Reisegefährten
Ich werde ihn in Ehren halten, mich von ihm
inspirieren lassen zur Freiheit des Reisens, des
Erinnerns und vor allem des Schreibens.

Erinnerungen

Das Lebkuchen Rezept

Ich erinnere mich an eines der ersten Weihnachtsfeste, das wir in unserem neuen Haus feierten. Ich war damals vierzehn Jahre. Wir hatten die kleine Wohnung im Obergeschoss an eine ältere Dame vermietet. Frau Drieschner, so hieß sie, stammte aus Dresden. Sie war als Kriegs vertriebene mit ihrem Mann nach Siegen gekommen. Ihr Mann verstarb, darauf hin zog sie zu uns.

Der einzige Sohn kam nicht wieder aus dem
Krieg.

Das Kerzchen der Hoffnung am Fenster
brannte jeden Abend.

Einmal schenkte sie meiner Mutter zur
Vorweihnachtszeit ein Lebkuchen Rezept aus
ihrer Heimat. Es war eine lange Liste mit
exotischen Zutaten. Das Hirschhornsalz habe
ich in einer Apotheke in Siegen besorgt.
Statt Honig nahm Mama Rübensirup, so stand
es im Rezept. Nie zuvor hatte sie dieses
aufwändige Backwerk zubereitet. Am Ende
war es relativ hart. Aber das war nicht so
wichtig. Auf jeden Fall war es was Besonderes.
Würzig, mit leckerem Schokoladenguss, und
der Duft von Zimt, Nelken und Kardamom
brannte sich für alle Zeit in mein
Weihnachtsgedächtnis ein. Herzen und Sterne,

die das Fest versüßten. Ein wenig wie
im Märchen. Hänsel und Gretel, die sich
damit die hungrigen Bäuche vollschlugen.
Oder wie auf der Kirmes in der Stadt, wo es
Herzen mit Liebesschwüren und
Zuckerblumen gab.
Mama hat Frau Drieschners Rezept
aufbewahrt, auch wenn sie es nicht mehr backt.
Bis heute sind Lebkuchen und Printen mein
Lieblings Gebäck zu Weihnachten, gerne
gemütlich zu einer Tasse Tee, wie ich ihn
manches mal mit ihr getrunken habe. So
erinnere ich mich an diese bemerkenswerte,
starke, kleine Frau aus Dresden.

Omas Küche

Die Wohnung meiner Großmutter, an die ich
mich aus Kindertagen erinnere, war klein, und
einfach eingerichtet.
Die sogenannte 'Gute Stube' hatte einen
besonderen Status. Sie wurde nur zu
feierlichen Anlässen genutzt, meist war die
Türe verschlossen. Ihre Schlafstube verfügte
nur über das Nötigste, einschließlich einem
Nachtstuhl, da sich das Klohäuschen hinterm
Haus befand.
Die Küche aber war das Herz und die Seele
der Wohnung. Hier pulsierte das wahre Leben.

Hier war es warm und heimelig.

Ich erinnere mich, dass Oma immer früh auf den Beinen war. Sie befeuerte den Herd, um Wasser und Milch zu erwärmen, während ich in einem winzigen Raum neben der Küche schlief, durch einen Vorhang abgetrennt. Leise Musik aus dem Radio, und das Klappern von Geschirr weckten mich. Duft von frisch gebrühtem Kaffee, der mit der Handmühle gemahlen wurde, ist mir in guter Erinnerung. Ebenso das Plätschern am Spülstein, der zum Spülen, Waschen und Zähneputzen genutzt wurde. Ein Herd mit chromblitzender Stange und schwarzem Ofenrohr, dominierte die kleine Küche. Sonntags war er bedeckt mit Töpfen, in denen kräftige Rinderbrühe simmerte, deftiger Braten schmorte. Die Kartoffeln, ebeso wie das Gemüse kamen aus eigenem Garten. Es war das Sonntagmittags Standard Menü, das Oma mit Bravour zubereitete. Das Gebet vorm Essen gehörte zum festen Ritual.

Auch fürs Samstagsbad wurde die Küche genutzt. Oma stellte ein Zuber auf, befüllte es mit heißem Wasser aus dem Kessel, um es mit Kaltem auf die richtige Temperatur zu bringen. Die Küche stand unter Dampf.

Gerne schaute ich Oma zu, wenn sie Reibekuchen buk, und Pflaumenkuchen auf Blechen. Zu besonderen Anlässen gab es Schlagsahne, die sie mit einem Handrührgerät aufschlug. Nachmittags, wenn die Arbeit erledigt war, spielte Oma am Küchentisch „Mensch ärgere dich nicht" mit mir. „Es ist wichtig, auch Verlieren zu können", sagte sie. Die alte Uhr in der Küche begleitete mit stoischem Gleichklang die Tage, die mir so gemächlich im Gedächtnis sind.

Vielleicht, weil ich sie ohne die hektischen Errungenschaften der Neuzeit in Erinnerung habe, die uns angeblich Zeit und Mühe ersparen. Alles, was damals bewegt wurde, wurde von Hand erledigt. So hatte selbst das Mahlen von Kaffeebohnen, das Nachlegen von Holzscheiten in den Ofen, das Kneten des Brotteiges etwas meditatives. Zumindest aus meiner verklärten Sicht der Erinnerung.

Zwischenmenschliches

Schlangen

Da ist sie, die Schlange. Ich steh im dicksten
Freitagnachmittag Verkehr vor der Ampel.
Rushhour in Siegen. Vom Kölner Tor bis an
Kochs Ecke steht alles. Extra lange
Ampelschaltungen sollen die Autofahrer
davon abhalten, durch die Innenstadt zu
fahren, wegen der Feinstaubbelastung.
Aber ich will Einkaufen! Und der Laden ist
mitten in der Stadt. Mit bestem Parkplatz-
Angebot. Beim Blick in den Rückspiegel

erkenne ich, am Steuer eines offenen Cabriolets, die Chefin meines Mannes. Sie schminkt sich ihre gepolsterten Lippen passend zum Rot ihrer Ledersitze. Es wird Grün, langsam gehts weiter. Zwei Ampeln und eine Viertelstunde später, biege ich ab zum Parkplatz am Biomarkt. Ich reihe mich erneut ein, diesmal in die Schlange an der Brot und Käsetheke.

Als ich endlich dran bin, stupst mich jemand an. Die Chefin meines Mannes steht neben mir, zischelt irgendwas von „Sie sind sicher so freundlich, ich habs eilig!" in mein Ohr, und schlängelt sich, ohne eine Antwort abzuwarten, an mir vorbei.

„Unverschämtheit!", denke ich. Schlucke aber aus purer Höflichkeit jeden Widerspruch runter. Der Anblick ihres artgerechten schlangen imitierten Handtäschchens beruhigt mich. Da wird sicher kein Großeinkauf reinpassen. Ich nehme mir vor, ein nettes Gesicht zu behalten.

Wie sehr man sich doch täuschen kann, denke ich fünfzehn Minuten später, als sie immer noch mit der Bestellung eines Geburtstagsbuffets für ungefähr sechzig Personen beschäftigt ist.

Meine Geduld ist arg strapaziert, das kann ich kaum verbergen.

Als sie endlich fertig ist, schleicht sie ohne Dank und Gruß an mir vorbei. Mir kommt die Metapher Schlange in den Sinn.

Ich füge ihr das Adjektiv „falsche" davor.

Else und Karl Friedrich

Ich stelle sich halb hinter Karl Friedrich.

Ein Fotograf wird uns ablichten, um unsere
Anwesenheit zu dokumentierend, mein Gott,
wie aufregend!

„Bitte still stehen! Sonst verwackelt das Bild!",
mahnt der Fotograf.

Ich schaue meinen Mann von der Seite an.

Wie er da steht, mit seiner Heugabel.

Mir drängt sich das Gefühl auf, als ob er
bewaffnet sei. „Ja verdammt", explodiert es

plötzlich in mir, „ich habe Gefühle! , die er nicht wahrnimmt, weil er sie nicht kennt, ja, nicht einmal ahnt!

Grob ist er, und steif in seinem Gehabe. Alles braucht Ordnung, ist geregelt! Passiert einmal etwas Unerwartetes, oder Wunderliches, kritisiert und korrigiert er es sofort. Anderssein ist ihm unheimlich.

Großer Gott, erst in diesem Moment des fotografiert Werdens und stille Haltens erkenne ich meinen Mann, so, als sähe ich ihn zum allerersten Mal. Die Maske der Frömmigkeit, hinter der er Macht ausübt. Der schmale Mund, der Härte verrät und der sture Blick, der jede liebevolle Geste abschmettert, als wäre es eine Waffe, gegen die es sich zu wehren gilt. Und dazu passend: Die Heugabel!"

Es blitzt und pafft: Das Foto ist geschossen,
und das Bild von Karl Friedrich hat sich in
meine Seele eingebrannt.

Klassentreffen

Mein Gott, wie aufregend, ein Klassentreffen!
Nach 55 Jahren sehen wir uns wieder. Zuvor
hat sich niemand dafür interessiert, keiner
gekümmert.
Ort des Events ist die alte Dorfkneipe, die
unweit unserer ehemaligen Volksschule noch
existiert. Ich habe mich dafür in Schale
geworfen. Bin zur Kosmetikerin und zum
Friseur gegangen, ein neues Outfit musste
sein. Derart aufgebrezelt und gestylt, begebe
ich mich eine knappe Stunde eher auf den
Weg zum Treffpunkt. Vom Haus meiner
Eltern, bei denen ich mich für eine Nacht

einquartiert habe, sind es nur zehn Minuten Fußweg. Da ich in Dorsten lebe, habe ich wenig Kontakt zu den Leuten im Ort. Ich setze mich in eine Ecke des Gastraumes, um zu checken, wer da alles so reinkommt. Ob ich sie erkenne, meine Mitschüler und Mitschülerinnen? Bin jetzt doch ein wenig aufgeregt.

Die Tür zum Gastraum öffnet sich. Ein älteres Pärchen betritt den Raum. Keine Ahnung, das sind sicher keine Klassenkameraden. Weitere ältere Herrschaften folgen.

Ein runder Geburtstag? Von 70 bis - was weiß ich, - alles drin!

Nach einer Stunde werde ich langsam nervös und frage den Wirt nach dem reservierten Raum fürs Klassentreffen. Er führt mich hin. Ich bin der Rest, wie peinlich!

Der Raum ist gut gefüllt. Einige der älteren Herrschaften von vorhin sehe ich jetzt wieder. Ich schlucke bei der Einsicht, dass ich keinen der Anwesenden auf Anhieb erkannt habe. Die hübsche Uschi, damals Schwarm aller Jungs -, der schneidige Franz mit Brille, Bart und Bauchansatz, die ehemals gertenschlanke Hanni, Helmut mit den dichten schwarzen Locken, heute in lichtem Grau, oder Inge mit ihren süßen Grübchen, kaum wiederzuerkennen! Als letzter Gast werde ich besonders in Augenschein genommen. „Elke?", fragt Anne zweifelnd. „Mein Gott, wie haben wir uns verändert!" Ich werde fröhlich in die Runde runzliger, molliger, grauhaariger, bebrillter und kahlköpfiger Leute aufgenommen, um gemeinsam mit ihnen im Meer der Erinnerungen zu versinken.

Obligatorische zwei Minuten

Manche Leute haben ein etwas verzerrtes Zeitgefühl, wenn es zum Beispiel um zwei Minuten Hilfe geht.
Als Außendienstlerin bemühe ich mich, Termine punktgenau einzuhalten, um meinen Terminpartner nicht aus seinem Zeitfenster zu stoßen. Mitunter zieht das sogar verkehrsrechtliche Konsequenzen nach sich.
So fallen mir andererseits meine wenigen grauen Haare vom Kopf, wenn mich mein so

157

geduldiger Partner bittet, ihm zwei Minuten
bei irgend einer Tätigkeit zu helfen.

Es gelingt ihm regelmäßig die angefragten
zwei Minuten zu zehn, zwanzig, oder gar
dreißig Minuten auszudehnen,

sodass ich getrost alles andere um wenigstens
eine halbe Stunde verschieben muss.

Hat er dadurch einen Vorteil? Ist er ein
Minutendieb?

Spart er sich die Zeit, die ich ihm länger zur
Verfügung stehe?

Lebt er dadurch länger?

Ach wenn ich's nur wüsste, was er mit meiner
Zeit anfängt.

Vielleicht hebt er sie ja für mich auf???

Lachen ist gesund!

Ich lese, die VHS bietet unter der Rubrik

„Gesundheit" einen speziellen Kurs an, in dem

es um Lachübungen geht, ein so genanntes

„Lachyoga."

Komischer Gedanke, sich mit fremden Leuten

zu treffen und auf Kommando grundlos zu

lachen, ...und das in Siegen!

Vielleicht noch in verschiedenen Tonlagen?

Die Vorstellung entlockt mir ein schräges

Grinsen, witzig! Was soll's, ich mach da mit!

Aus purer Neugier und der Gesundheit

zuliebe. Klingt zumindest weniger schweißtreibend als Joggen.

Der Kursleiter, seines Zeichens amtierender Clown einer Kinderklinik, beginnt mit der theoretischen Einführung. Atmung und Lachen wirken sich positiv über das Zwerchfell, auf Herz, Darm und nicht zuletzt die Seele aus.

Es geht los mit einfachen Lockerungsübungen. „Lasst alles wackeln, was wackeln kann!" Gefolgt von mehrfach tiefem Ein- und Ausatmen: „Bitte mit Lippenbremse!" Welch eine Vorstellung! (Die Handbremse war mir ein Begriff...) Weiter gehts mit der Finger – Akupressur, die für die Stimulation sorgt, wie er sagt. Schließlich kommen wir zum Kern der Veranstaltung: Den Lachübungen!

Ein zunächst trocken gehecheltes „Ho, ho, ha,

ha, ha, Ho, ho, ha, ha, ha", schwillt langsam an,
zum rhythmisch ekstatischen Chor, worauf
sich, - ob der Komik, eine unvorhersehbare
Lachsalve entwickelt.

Meine Lippen nicht mehr zu bremsen. Ich
verlasse den Raum, um die Gesichts-
muskulatur unter Kontrolle bringen.

Das war hart! Einmal tief durchatmen, dann
betrete ich den Raum erneut, wo geatmet,
gehechelt und gelacht wird.

Was ich mitgenommen habe aus diesem Kurs,
ist ein ordentlicher Muskelkater im
Zwerchfellbereich, ein paar zusätzliche
Lachfältchen und die Erkenntnis,
dass gemeinsam Lachen tierisch lustig ist.

Zahnweh

Es ist Sonntag und Papa hat Zahnweh. Mama
googelt im Internet einen Notdienst.
Der für unser Gebiet zuständige Arzt heißt
Dr. Klein. Seine Praxis befindet sich in
Altenkirchen. „Das ist eine geschlagene
Stunde zu fahren", klagt der Schmerzgeplagte.
Er hält sich einen Eisbeutel auf die Wange.
Mutter verkneift sich trotz der misslichen
Situation die Bemerkung nicht, dass er
zukünftig doch besser die Nusszange zum
Nüsse knacken benutzen sollte.
Hat Papa Tränen des Schmerzes, oder gar der

Wut in seinen Augen? Ein abgebrochener

Zahn ist keine Lappalie, erst recht nicht, wenn

der restliche Stummel bis in die Wurzel kariös

ist.

Mama sucht das Krankenkärtchen, packt einen

Kühl Akku aus dem Eisschrank ein, und bietet

ihm für unterwegs eine Schmerztablette der

Extraklasse an, damit er und seine Begleiter

die weite Fahrt einigermaßen gut überstehen.

In Altenkirchen angekommen, lesen sie ein

Schild an der Praxistüre:

Wegen plötzlichem Notfall geschlossen.

Wenden sie sich in dringenden Fällen bitte an

Dr. Eberlein, Dorfstraße 6.

Nach knapp fünf Minuten ist auch diese

Adresse erreicht. Das Schild mit der

Aufschrift: „Tierarztpraxis" gibt Papa den

Rest! Ihm steht das Wasser in den Augen und

er scheint noch blasser als zuvor.

„Dasch daaf doch nish wah sein!" , schlurft es aus seinem verschwollenen Mund.

Mutter ist nun voll im Hilfsmodus, und läutet an der Praxistür. Ein Kerl wie ein Bär, mit blutbespritzter Gummischürze öffnet, und fragt, um welches Tier es sich handelt, dass seiner Hilfe bedarf.

„Um meinen Mann, gibt Mutter kleinlaut zur Antwort, er hat Zahnschmerzen."

„Na, dann haben Sie bitte noch einen Augenblick Geduld, bin gleich mit dem Dackel vom Zahnarzt Dr. Klein fertig, dann kann er sich in seiner Praxis um ihren Mann kümmern." Ich meine fast das Poltern des Steines zu hören, der Papa vom Herzen rollt.

Bleibt die Moral von der Geschicht,

„Knack Nüsse mit den Zähnen nicht!"

Mir gehts nicht gut...

Das weiß ich, und mein Arzt, der weiß es
auch. Es vergeht keine Woche, wo ich seine
Hilfe nicht benötige. Selbstverständlich bin ich
nicht untätig in eigener Sache und informiere
mich. Das Internet, oder diverse
Hausfrauenlektüren sind die ergiebigsten
Quellen, und unterstützen meine Recherchen.
Besonders aktiv bin ich an den Wochenenden,
wenn die Praxis zu hat, und niemand da ist,
der sich um mich kümmert, - geschweige
denn, mit mir über meine Leiden redet. Dann
laufe ich zur Höchstform auf. Ich google und

lese was das Zeug hält. Notiere mir alle relevanten Symptome und Fachbegriffe, beschäftige mich intensiv mit den dazugehörenden Krankheitsverläufen, sodass ich montags gut vorbereitet, pünktlich zu Praxisbeginn im Wartezimmer sitze.

Bewaffnet mit einem Spickzettel, auf dem ich mir meine eigen diagnostizierten Erkrankungen nochmal verinnerliche, bevor ich aufgerufen werde. Zur Sicherheit nutze ich die Wartezeit, und blättere die ausgelegten Zeitschriften durch, ergänze meine Notizen hier und da um fehlende Details.

Ich weiß, dass die Ärzte heutzutage überfordert sind, und zu wenig Zeit haben, sich mit langwierigen Untersuchungs- und Diagnoseritualen aufzuhalten.

Zeit ist Geld! Während die meisten Patienten

mit einer banalen Grippe, Bauchweh oder einem Knochenbruch durch die Arztzimmer geschleust werden, ist es bei mir weitaus komplexer. Der Arzt macht sich, trotz meiner Eigeninitiative ziemlich viele Gedanken. Er versucht Verknüpfungen zwischen den verschiedenen Krankheitsbildern zu erstellen, um schlüssige Antworten zu finden.

Nach einigen Wochen ist er , - wie er sagt-, zu einer recht eindeutigen Krankheitserkennung gelangt. In Erwartung des Schlimmsten, sitze ich vor seinem Schreibtisch, wo er mir die niederschmetternde Diagnose mitteilt:

„Sie leiden an einer sehr schweren fortgeschrittenen Form der Hypochondrie!"

Ich bin geschockt!!

Unter Aufbringung aller Kraft fragt ich

„Wie lange noch?"

Erwägend den Kopf wiegend, antwortet er:

„Mit der schnellstmöglichen Anschaffung eines Haustieres, möglichst eines Hundes, schaffen sie es, wie alle durchschnittlich gesunden Menschen, noch bis etwa Mitte neunzig!"

Was soll ich sagen, seit ich mit Waldi täglich spazieren gehe, mich um ihn kümmere und mit vielen anderen Hundebesitzern ins Gespräch komme, gehts mir erstaunlicherweise von Tag zu Tag besser.

Ab und zu google ich oder lese in einschlägigen Hunde Zeitschriften, um alles über das gesunde Leben meines Vierbeiners zu erfahren.

Die Weihnachtsgans

Der Baum steht, der Stern steckt in der Spitze
wie es sich gehört, die Kugeln gleichmäßig
verteilt. Soweit alles im Lot! Die Familie ist
eingeladen. Die Organisation für die
Bewirtung hat mich vier volle Tage gekostet.
Tag eins: Die Planung. „Was will ich auf den
Tisch bringen?"
Tag zwei: Der Einkauf in vier verschiedenen
Lebensmittelläden.
Tag drei: Die Vorbereitung der Speisen und
das Backen der Tortenböden.
Und schließlich Tag vier: Die Zubereitung.
Warum habe ich mich nur für die Gans

entschieden? Ich hätte wissen müssen, dass dieses Gericht eine Nummer zu groß ist, und meine Kochkünste übersteigt.

Die Arbeitsplatte der Küche ist zu klein für das Tier. Die Zutaten für die Füllung stapeln sich zusätzlich auf dem Schneidebrett gleich neben Rotkohl, Kartoffeln und Gewürzen. Meine Küche gleicht einem Schlachtfeld!

Das Füllen des Vogels kostet Nerven. Er bleibt nicht liegen, rutscht unflätig hin und her. Bin versucht ihn festzubinden.

Ausgerechnet jetzt ruft Mutter an, um über ihre Kaffeefahrt zu berichten. Den Hörer zwischen Ohr und Schulter geklemmt, lausche ich geduldig ihren Erzählungen, und stopfe die Füllung in das Tier. (Multitasking kann ich!) Das abschließende Zunähen erfordert Fachkenntnisse, die mir meine

Handarbeitslehrerin schon in der Grundschule
abgesprochen hat.

Nachdem ich den Braten in die Röhre
geschoben habe, ist es höchste Zeit auch
Knödel und Rotkraut in die Töpfe zu kriegen,
und die Nachspeise zuzubereiten. Knapp zwei
Stunden später steht unsere Familie vor der
Tür. Ich habe es soeben geschafft, meine
Schürze an den Haken zu hängen und mir den
Schweiß von der Stirn zu tupfen.

Mit verzückten Lächeln empfange ich unsere
Gäste aufs Herzlichste.

Aller Stress fällt ab. Mein Mann trägt den
Braten würdevoll zu Tisch, und schneidet ihn
portionsweise auf. Wie gut er duftet und wie
knusprig er aussieht! (Der Vogel).

Ausgerechnet mein Mann macht eine
sonderbare Entdeckung in der Füllung.

Etwas metallisch glänzendes kommt zu Tage:

Mein Fingerhut! Erklärungsnot!

Er ist mir wohl beim Zunähen vom Finger

gerutscht und in der Füllung verschwunden.

Die Familie erträgt es mit Humor und ich bin

heilfroh, dass sonst nichts zum Vorschein

kommt.

Ebenso wie das Lied „Alle Jahre wieder",

bleibt dieses Erlebnis fester Bestandteil eines

jeden Weihnachtsfestes.

Egal, ob mit oder ohne Weihnachtsgans.

Drunter und drüber

Wir haben den Kopf voller Gedanken ...
Wirr, bunt, unsinnig, ernsthaft, und vieles
mehr ...
Sie schwirren durch meinen Kopf,
stapeln sich hinter einer Türe mit der
Aufschrift:
Vorsicht! Gedankengut – Sammellager!
Ich fühle das Chaos körperlich,
spüre schmerzlich, wie es sich in meinem
„Hinterstübchen" ausbreitet und stelle mir vor,
wie alles kreuz und quer herumliegt. Die

Gedanken kommen nie zur Ruhe, geistern nachts durch meinen Kopf, besetzen mich sozusagen. Es geht dabei um „Gott und seine Welt." Vieles unter dem Oberbegriff „Erinnerungen" liegt in der hintersten Ecke versteckt, und wenn ich sie brauche, diese Erinnerung, muss ich sie erst ausgraben und mühsam zusammen puzzeln. Ist sie dann noch wahr, oder hat sie sich längst mit anderen Eindrücken vermischt? Ist Vergessen mitunter die bessere Variante? Kommt drauf an! Manchmal blitzt das eine oder andere Ereignis auf, an das ich lieber nicht mehr erinnert werden möchte.

Immer schwerer fällt es mir, meine Gedanken zusammen zu halten. Sie entgleiten mir, und verschwinden im schwarzen Loch des Vergessens: Ein gerade gedachter Gedanke, ein

Gesicht, ein Name, ein Schlüssel, ein Termin, ein Geburtstag, meine Mutter an der Aldi Kasse, bis hin zum: „Was wollte ich nur hier im Keller holen?"

Es wiederholt sich, und ist manchmal voll peinlich!

Mittlerweile hat sich eine Menge Unsinn da oben eingenistet, der mich am Denken hindert, und dringend ausgemistet gehört, damit Platz für Neues ist. Oder mehr Klarheit!

Guter Gott ..., könntest du nicht über Nacht mit einer Putzkolonne anrücken, mir eine ordentliche Gehirnwäsche verpassen, sodass ich morgens wieder ungehindert frische Gedanken und neue Ideen sammeln kann?

Allen Ernstes?

Märchenhaftes

Zwerg Nase war dicht am Rande eines
Nervenzusammenbruchs. Er schrie, was das
Zeug hielt, und rüttelte verzweifelt an den
Gitterstäben.
Dabei war die Wahrscheinlichkeit eher gering,
dass ihn hier jemand finden würde. Im Grunde
war es sogar dass geniale Versteck, - wenn das
Schloss nicht zugeklappt wäre. So hatte er sich
das jedenfalls nicht vorgestellt. Seine Absicht
war, dass sie sein Fehlen bemerkten, sich

sorgten, und ihn suchen würden.

Ein wenig Aufmerksamkeit halt.

Zwei geschlagene Stunden saß er schon fest.

Und niemand schien ihn zu vermissen. Er
schaute auf die neue Armbanduhr, die Mama
ihm zum Geburtstag geschenkt hatte, und
setzte sich resigniert auf den Boden. Schuld an
allem trug Schneewittchen, seine
Stiefschwester. Sie brachte ihn schier auf die
Palme!

Foppte ihn, seiner geringen Größe, oder wegen
seiner mächtigen Nase!

Er konnte doch nichts dafür, dass sein Kopf
wie eine Kugel auf einem Fass saß. Er hatte
sich doch nicht selbst erfunden!

Seit sie in diese WG gezogen waren, setzte sie
ihm extrem zu. Rotkäppchen war die Einzige
unter den Mitbewohnern, die es gut mit ihm

meinte, ihn beschützte. Das verpennte Dornröschen, oder die schöne Jorinde, die ständig mit seltsamen Vögeln abhing, und die naive, leichtgläubige Rosenrot schlugen sich auf Schneewittchens Seite.

Na ja, auch Aschenputtel stand nicht gerade auf der Sonnenseite des Lebens, und Hänsel und Gretel waren auch nicht viel besser dran. Ihre Stiefmütter waren richtige Hexen.

Aber Schneewittchen sollte eigentlich dankbar sein! Immerhin hatte seine Familie sie bei sich aufgenommen, nachdem ihre Mutter sie vor die Tür gesetzt hatte, weil sie ein Lotterleben führte.

Es gab Zeiten, wo er sie am liebsten mit vergifteten würde. Ach, wenn er nur einen halben Meter größer wäre!

Neuerdings hatte Schneewittchen einen

Prinzen zum Freund, mit Froschaugen! Er besaß eine schicke Villa am Stadtrand.

„Hoffentlich zieht sie bald zu ihm" dachte er grimmig.

Während Zwerg Nase da saß, und immer noch auf seine Rettung wartete, wurde es nebenan im Stall lebendig. Die Tiere hatten Hunger. Der Hahn krähte, der Esel fühlte sich berufen mit zu krakeelen. Die Katze maunzte erschrocken und der Hund kläffte. Was für ein seltsamer Gesang!

Kurze Zeit später vernahm er die schweren Schritte des treuen Johannes, der den Stall betrat, um zu füttern. Mit den Riesenstiefeln und dem albernen Federhut sah er aus wie der Gestiefelte Kater.

Er war es dann, der ihn entdeckte und aus seiner misslichen Lage befreite.

Zwerg Nase fühlte sich wie Hans im Glück.
Ab und zu war dieser komische Kauz, der
vorgab die Sprache der Raben zu verstehen
doch von Nutzen. Was soll's, dachte der
Zwerg, ich spreche schließlich auch mit
meinem Eichhörnchen.

Mittlerweile hatte er richtig Kohldampf. Doch
es war wie verhext. Schneewittchen hatte seine
Abwesenheit genutzt, um eine Party zu feiern.
Der Kühlschrank war rappel leer, und
Aschenputtel, - wie üblich zum Aufräumen
verdonnert, während Schneewittchen mit
ihrem Prinzen im Cabrio davonbrauste, um
beim tapferen Schneiderlein Klamotten zu
kaufen. Zwerg Nase war wütend wie ein
Rumpelstilzchen, wünschte ihr schlimme
Dinge. Wenigstens sieben Kinder mit langen
Hälsen, oder einen Buckel!

Was für ein Tohuwabohu! Er sehnte sich nach einem gedeckten Tischlein, oder alternativ nach einem Sack mit einem Knüppel.

Am Besten aber wäre eine gute Fee, die all seine Wünsche erfüllen würde...

Stell dir vor,...

Du wachst morgens auf, und alles ist anders. Halb verschlafen kriechst du aus deinem Bett, und schlurfst zum Fenster. Ein unangenehm schwefliger Geruch steigt dir in die Nase. Er erinnert dich an etwas, es fällt dir im Moment nicht ein. Du schaust raus, in den usseligen Novembermorgen. Die Bäume sind größtenteils kahl, die Stürme waren heftig. Es gießt in Strömen. Alles soweit normal im Herbst. Dich fröstelt. Trotz geschlossener Fenster zieht es eiskalt an dir vorbei. Der fiese

Geruch und die Kälte verfolgen dich ins Bad. Hast du dir was eingefangen? Es sind ja mittlerweile die übelsten Sachen unterwegs. Schweinepest, Vogelgrippe ...? Man ist vor nichts mehr sicher! Du ziehst dich an, und gehst zum Bäcker, Brötchen holen, und die Bild. Die Leute unterwegs scheinen dir unfreundlich und verschlossen. Regen prasselt dir ins Gesicht. Das Krächzen der Raben, die sich zu Dutzenden im Park versammelt haben, nervt dich. Novemberstimmung pur!

Im Bäckerladen herrscht Gedränge. Leises Getuschel, verstohlene Blicke, wie auf einer Beerdigung. Dein Nachbar Rudi steht ebenfalls an. Er dreht sich zu dir um und schüttelt traurig den Kopf.

„Hast du schon gehört?", flüstert er.

„Nee, was is denn?" , fragst du ahnungslos.

„Die Götter haben das Handtuch geworfen! Es heißt, dass sie die Nase gestrichen voll von uns haben", fügt er erklärend hinzu.

„Wie konnte das denn passieren?"

Du bist geschockt!

„Ich meine, dass können die doch nicht bringen, die können uns nicht einfach im Stich lassen! Schließlich zahlen wir Kirchensteuer und wir haben sie verdammt nochmal in Ruhe gelassen. War sogar am Heiligabend in der Kirche! Kann man sich denn heutzutage nicht mal mehr auf seinen Gott verlassen?"

Du regst dich tierisch auf!

„Meinst du alle Götter?" , hakt dein Kumpel Ali aus der Wohnung über dir nach.

„Alle!", antwortet Rudi knapp.

„Und wer zum Teufel soll das jetzt machen?"

Die Verkäuferin seufzt und hebt hilflos die
Schultern, während sie die Brötchen für Rudi
in die Tüte zählt.

Der BWL Student mit der Dinkelstange weiß
mehr. „Es gibt drei Kandidaten, die sich um
den Job beworben haben."

Rudi ist irritiert. „Wie?..., kann das denn
jeder? Das ist..., das ist doch...,

„Ein Scheißjob!", vollendet der Student,
„schlecht bezahlt, keinerlei Anerkennung und
diese ständige Erreichbarkeit, das hält keine
Sau auf Dauer aus!"

„Kommt mir bekannt vor", murmelt
die Verkäuferin, und schaut bekümmert in die
Runde. „Mein Mann ist bei der Feuerwehr, ich
weiß, wovon ihr redet."

„Und wer zum Henker hat sich beworben?",
fragst Du den Studenten. „Also", erklärt er,

„der DAX hat positiv reagiert, er ist gestiegen!"

„Aha ..., äh, versteh ich nicht ...", gesteht Ali irritiert.

„Ja und? Wer macht den Job??", bohrst Du weiter, weil die Frage nach Gott Dir wichtiger scheint, als irgendein DAX.

„Na ja, die Namen traut sich keiner in den Mund zu nehmen" flüstert der Student, und schaut sich vorsichtig nach allen Seiten um. „Man spricht von einem Kerl mit strohblonder Tolle. Der zweite Typ trägt eine Art Verband um den Kopf, - man weiß nicht genau, was sich darunter verbirgt. Er macht aber die dicksten Wahlversprechen..."

„Ja, was, um Himmels Willen, verspricht er denn?", unterbrichst Du ihn ungeduldig.

„Jede Menge Jungfrauen, für den, der freiwillig abtritt!" „Wie jetzt? Zur Beerdigung?", fragt

187

die Verkäuferin betroffen.

Nee, grinst der Student, „im Himmelbett!"

„Nur Frauen??" outet sich Rudi.

Der BWLer rückt ein wenig zur Seite und fächelt mit der 'Bild', ehe er mit der Aufzählung fortfährt...„ und der dritte Bewerber hat einen Igel-Kopfschmuck."

„Was hat denn die scheiß Frisur mit dem Job zu tun?", fragst Du empört.

„Nichts, rein gar nichts!" , antwortet der Student beruhigend. „Aber wie gesagt, der Job ist frei, und niemand will ihn haben, der außer einer coolen Frisur auch noch Hirn hat."

Else lästert ...

„Tach Ilse, wat gibtet Neues?

Man erfährt ja sonst nichts, hat ja keiner mehr

Zeit für'n Schwätzchen.

Nur der Kerl dahinten, der da auf seinem

Pappdeckel sitzt und seine Hut hinhält,

der sitzt von morgens bis abends da.

Ich seh dat ja immer. Ich sach dir, von morgens

bis abends sitzt der da und macht NIX! Der

arbeitet auch nix!! Während sich unsereins

durchbeißen muss, hält der den Hut hin!

Kann man davon satt werden? Ich find dat ja

furchtbar, dat is doch kein Anblick.

Der verschandelt doch dat ganze Straßenbild mit den schönen neuen Gingo Bäumchen, und den schicken Geschäften. Apropos, wo geht der denn hin, wenn er ma, …na ja, du weißt schon wat?

Der wird wohl irgendwo fragen müssen, ob er mal darf, wenn er muss. Möchte ma wissen, wo der schläft?

Na ja, jedenfalls braucht der keine Fenster putzen, Ilse.

Ach Gott ja, die müsste ich auch mal wieder …, aber man kommt ja zu nix.

War heut Morgen noch auf'm Amt, Ilse, Geld holen. Denen kannste auch die Schuhe im Gehen besohlen, die denken wohl wir hätten ewig Zeit. Hastet ma wieder eilig, Ilse,? Wo willste denn hin??"

„Zum Optiker Else, ich brauch dringend etwas mehr Durchblick!"

und lästert...

„Hast du dat gehört, Ilse?

Gestern Abend war bei Schreibers kräftig die „Kacke am dampfen. Dat ging über eine Stunde! Dann kam der Alte raus zum Rauchen.

Ist ja kein Wunder, bei den Blagen ...

Der Große läuft mit 'nem grünem Hahnenkamm umher!

Ob der zur Schule geht?

Ich seh' den nie, wenn ich morgens lüfte.

Und die Tochter, dat ist ja et Neuste, die is

mit wat Südländischen zusammen, Araber
oder wat sonst. Jedenfalls nix Deutsches!
Sie selbst, also die Frau Schreiber, treffe ich
schon mal beim Metzger.
Die sagt ja nie wat, hält sich für wat Besseres!
Der muss man die Würmer aus de Nase ziehn.
Hat nix über für gute Nachbarschaft.
Dat muss man doch pflegen! Mit der hab ich
noch nie en Kaffee getrunken.
Da muss man aufpassen, wenn jemand so
wenig Kontakt zur Nachbarschaft hat!
Man weiß ja nie!
Dabei will man nur wissen, ob et denen gut
geht.
Also, jetzt mal ehrlich, wenn du so ein
Früchtchen von Sohn hättest, würdest du dich
auch schämen. Und 'ne Tochter, die 'en
Muslim heiratet…!

Jetzt sach du auch ma wat, Ilse!"

„Na ja Erna, der Sohn hat gestern sein Abi gefeiert, ist wohl ein echter Streber, der Alex! Die Tochter ist übrigens mit dem Sohn von unserm Zahnarzt zusammen. Was machen eigentlich deine Kinder, Erna?"

Ungeduld

Ich will nicht so sein , wie die Alten,

mit weißem Haar, und all den Falten.

Die störrisch auf ihr Recht bestehen,

nicht mehr gut hören und schlecht sehen.

Die ihre Hände selbstgefällig falten.

Ich will nicht so sein, wie die Alten.

Sie schieben ihre Einkaufswagen

geschwindigkeitsbegrenzt im Laden.

Bummeln quer durch die Regale,

bleiben stehn, zum Xten Male.

Schaun sich jedes Preisschild an,

als wärs ein Bild von Mondrian.

An der Kasse noch ein Schwätzchen,

„Ach, wie geht's denn ihrem Kätzchen?

Ich hab heute so ein Zwicken,

kann beim Anziehn mich kaum bücken.

Was muss ich Zahlen, sagten Sie??

Hab auch Arthrose noch, im Knie!"

„Habs sicher passend, warten Sie!"

Dann, der Griff ins Portemonnaie.

„Ich hab bestimmt noch einen Pfennig!"

Das Gekrame dauert ewig.

„Verzeihen Sie, ist doch zu wenig!

Werd nächste Woche zweiundneunzig"

Sie schaut mir grienend ins Gesicht,

ich fühl mich plötzlich kalt erwischt.

Sie hat wohl meinen Stress gespürt?

Was mich jetzt irgendwie berührt.

Nehm ihren den Einkauf aus dem Wagen,

um ihr die Last nach Haus zu tragen.

Zum Dank will sie mir auch was geben

Erzählt beim Tee aus ihrem Leben.

Total geflasht hör ich ihr zu.

Echt krass die Frau, kennt kein Tabu!

„Ey Alter", sag ich mir am Ende,

„ich glaub mein Leben braucht ne Wende!"

Nicht ohne meine Schwester,...!

Ich danke Dir, liebe Gabi,

für Deine geduldige Hilfe und Unterstützung

bei der Überarbeitung

BoD

200